AF260273

LA
CONTRE-RÉVOLUTION,

PRÉSENTÉE

AUX PARISIENS,

A PARIS;

Chez {
DEBRAY, libraire, palais Égalité, au grand Buffon, Galerie de bois, n°. 235, et place du Muséum, n°. 9.
CHARLES, imprimeur, rue Nicaise, n°. 513, à côté du Corps-de-garde.
}

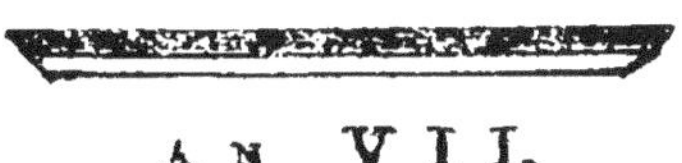

AN VII,

LA
CONTRE-RÉVOLUTION
PRÉSENTÉE AUX PARISIENS.

QUE faudra-t-il que nous fassions, pour convaincre tous nos concitoyens de Paris, que par leur intérêt particulier, leur sort est très-intimément lié à celui de la république ? Nous pensons l'avoir senti; nous leur dirons des vérités et nous leur demanderons qu'ils les méditent; ils reconnaîtront bientôt la différence de notre langage, simple et vrai comme nos cœurs, de celui de tous ces pamphlétaires et journalistes, dirigés et payés par la main de l'étranger, semant par-tout la discorde, excitant les haines, les passions ; poussant à l'extrême les opinions les plus opposées, afin de provoquer une désunion générale, comme le plus puissant auxiliaire sur lequel compte la coalition qui les soudoie ; déversant les calomnies les plus atroces et les plus révoltantes sur les réunions politiques, leur prêtant les intentions et les crimes dont leurs ames vénales sont remplies, afin d'empécher les rapprochemens des citoyens que ces réunions

A

provoquent, que des opinions séparent, mais qu'un intérêt commun doit réunir.

Les républicains prononcés ne seront pas difficiles à convaincre ; les timides et les chancelans le seront bientôt ; mais ceux que leurs opinions religieuses ou royalistes rendent ennemis de la république, seront forcés, pour leur intérêt particulier et leur sûreté individuelle, de se rendre aux considérations importantes que nous allons mettre sous leurs yeux.

Vous tous habitans de Paris, propriétaires fonciers ou mobiliers, fabricans, marchands, négocians, artisans, ouvriers, banquiers, notaires, hommes de loi, artistes, savans, acquéreurs de domaines nationaux et généralement tous ceux qui y vivent d'un revenu quelconque ou d'un emploi, écoutez et pesez les réflexions que l'amour de notre pays, celui de nos concitoyens, quelques soient leurs opinions, et l'intérêt de notre conservation à tous, nous suggère ; vous y reconnaîtrez la franchise des motifs qui nous dirigent.

Tous jouets et victimes des hommes qui étaient chargés de nos intérêts communs, et qui au lieu de nous faire jouir de tous les avantages de notre nouvelle législation] toute imparfaite qu'elle est encore [n'ont cessé de la rendre odieuse à tous les Français, par la marche tortueuse et double avec laquelle ils ont constamment opéré depuis leur installation ; ayant fomenté sans cesse les dissentions et les haines parmi nous ; carressant, tour-à-tour les républicains et les royalistes ; par cet odieux système de bascule politique, ils nous ont fait regarder entre nous, comme deux nations ennemies , dont chacune croyoit alternativement avoir pour elle la puissance gouvernante ; mais ils ont plus redouté les républicains que les royalistes, par la crainte des reproches, que la violation continuelle des principes leur auroit attirés de ceux-là. Par les actes arbitraires multipliés contre la liberté des citoyens, ils ont manifesté leur tendance au pouvoir absolu : et la Reveillère nous dit dans sa défense, que tout ce que la constitution ne leur défendoit pas, ils se sont cru en droit de le faire ; de-là toutes les conséquences de leur conduite.

Nous leur reprochons avec vous leurs faux et désastreux systémes de finances, par lesquels ils ont dépouillé successivement et presque complettement , tous les rentiers, pensionnaires et créanciers de l'état , ainsi que ses braves défenseurs qui presque tous les uns et les autres sont réduits à mandier. Ces fausses opérations ont détruit la confiance et le crédit public, et conséquemment sappé les bases du commerce ; d'où résulte la pénurie toujours croissante des travaux ; ils ont anéanti de même la morale publique, en affermant les tripots, qui entraînent avec eux tous les moyens de corruption.

Par tant de maux accumulés sur tant de milliers d'individus, [maux qu'eux n'ont point éprouvés] ils ont fait maudire le systême républicain, essentiellement bon en lui-même ; mais que ceux qui souffrent, confondent aisément, avec les maux que leur font éprouver les hommes revêtus des pouvoirs. Erreur dont profitent les anti-républicains pour faire croire aux malheureux que leurs maux sont la conséquence naturelle de ce systême ; il est vrai qu'ils sont très-multipliés ; chacun en souffre et en porte la série dans son cœur : Excepté cependant les dilapidateurs et spoliateurs de la fortune publique.

Mais tout en se plaignant des hommes, les républicains ne confondent pas les abus avec la chose ; convaincus que leurs maux cesseraient bientôt, si tous les royalistes reconnaissaient qu'ils appartiennent au sentiment et à l'humanité, avant tout parti, et par la surveillance qu'exerceraient alors tous les citoyens contre les abus de pouvoir ; abus que l'esprit de parti fait tolérer, lorsqu'ils ne s'exercent pas sur ceux de notre couleur : effet bien connu de nos machiavéliques ex-directeurs ; lévier dont ils se servaient avec succès pour arriver au pouvoir absolu.

Le peuple pour qui le présent est tout, qui a oublié le passé, et ne voit point dans l'avenir, rend toujours responsables et accuse avec raison, ceux qu'il a chargés de le gouverner, non-seulement des maux qu'il souffre, mais encore du bien-être qu'il n'a pas ; que la cause en soit l'inéptie ou la trahison , ils n'en sont pas moins coupables, puisque le peuple est malheureux.

La charge de gouverner une nation immense, n'est point une partie de plaisir, ni seulement une place lucrative ; encore moins une faculté d'employer ses pouvoirs pour la dégrader , l'avilir, la corrompre, la trahir ou l'asservir : c'est au contraire un devoir très-difficile à remplir ; tout homme qui ose porter la main au timon, doit faire abnégation de tout son être en faveur de la patrie ; son bonheur, son plaisir, son repos même, sont dans l'exercice continuel de ses pénibles devoirs ; il doit en faire sa suprême félicité ; s'il est animé d'autres sentimens, il n'est point l'homme qui convient au peuple ; la présomption ne suffit pas, ni l'orgueil d'être élevé à cette éminente dignité, pour donner la capacité nécessaire à ces pénibles fonctions ; et jusqu'à ce que les hommes qui y seront appellés, joignent à un génie élevé, à un amour pur de la patrie, à un grand désintéressement et des mœurs simples, les sentimens dont nous venons de parler, nous ajoutons l'ardent desir d'être bien jugé de la postérité, la liberté ne sera jamais assurée , sur-tout lorsqu'il faut régénérer une nation, à qui une dégradation de quatorze siècles, n'a laissé que le sentiment de ses forces et son desir extrême de se raviver ; chez la quelle il faut tout créer, et faire renaître un esprit public qui se compose de tant de causes, et que tant de causes ont détruit ; sur-tout encore lorsque d'autres nations prêtent leurs bras, aux tyrans qui les gouvernent, pour s'opposer à notre régénération.

Quelque délirante que puisse être l'imagination abusée d'une partie des citoyens, sur le système de gouvernement actuel : ils auraient long-temps à gémir, si leurs desirs criminels étaient remplis, [si toutefois ils n'en étaient pas les victimes] tant de maux se présentent à l'esprit dans cet avenir cruel qu'ils appellent, et tant de biens se présentent également à l'esprit, en conservant le système établi, que la balance est entièrement en sa faveur.

Croient-ils qu'il est au pouvoir des hommes de changer à leur gré la destinée des empires ? Non : le système monarchique qui a gouverné la France pendant quatorze siècles, est tombé de lui-même ; les hommes et les choses s'opposent à son rétablissement ; il a ébranlé par sa chûte, *tous les corps politiques*, jusques dans leurs fondemens. Tous les efforts humains ne peuvent empécher la leur ; les moyens même qu'emploient toutes les puissances pour l'arréter, ne font qu'en accélérer la rapidité.

Ce pronostic est puisé dans la marche ordinaire des choses qui entraînent avec elles les corps politiques, comme les parties du globe ; obligés de vivre sous les mêmes lois, frères en effet, appartenant tous à la même famille, la famille des français, la première nation de l'Europe nous pouvions espérer que tous les moyens d'union et de rapprochement seraient employés, au lieu de tous ceux contraires, dont on s'est constamment servi jusqu'à ce jour pour éterniser les haines entre nous ; il faut donc que nous trouvions dans nos propres cœurs ce sentiment qu'on a tout fait pour en écarter, cette union qui constitue la force des empires, et qui n'aurait jamais dû cesser un instant d'exister parmi nous.

La ville de Paris, capitale de la première et de la plus puissante nation de l'Europe, centre de toutes les connoissances et de toutes les lumières, dépôt des beaux monumens des arts de toute nature ; siège de toutes les sciences; dans laquelle sont réunis les artistes et les savans les plus distingués dans tous les genres ; ville hospitalière où tous ceux de la terre trouvent un asile honorable ; foyer de la révolution et de l'enthousiasme de la liberté, d'où sont partis les foudres qui ont ébranlés tous les trônes, après avoir renversé celui des Capets; ville qui fait frissonner de crainte les despotes qui se croient les mieux affermis ; ville à jamais célèbre par le mouvement qu'elle a imprimé au globe, en proclamant les droits sacrés des peuples, et les appellant tous à la jouissance de la liberté: ville que l'on a vue mettre en vingt-quatre heures plus de deux cents mille hommes sous les armes, et qu'elle pourroit y mettre encore; ville qui en a fourni plus de cent-vingt mille aux armées: que de titres pour avoir mérité la haine et excité la jalousie de toutes les puissances et particuliérement de la coalition, union des tyrans les plus ambitieux et les plus despotes, comme les plus perfides et les plus féroces, traînant à leur suite l'ignorance, le fanatisme et la servitude ; assemblage monstrueux de tous les contraires, et dont les intérêts sont les plus opposés, d'accord en ce seul point, la destruction des Français, la radiation de cette puissance du faste des nations, le déchirement et le partage de son territoire, l'anéantissement de Paris, l'extinction de toutes les lumières et le rappel à la barbarie des anciens Goths et Vendales ! ce que nous allons dire va le prouver.

Lorsque Joseph II vint à Paris, il fut étonné de son immensité et de sa population ; et en despote qui connaît ses intérêts, il dit à Louis XVI : *si j'avais une pareille ville, j'en détruirais les trois quarts, parce que tôt ou tard elle vous fera la loi* : et l'on sait que les mêmes sentimens animent toute l'odieuse et féroce maison d'Autriche, que les mêmes erremens ont été constamment suivis depuis Charles-Quint jusqu'à ce jour. Quel sort croit-on donc que réserve à cette ville l'assassin François II ? Ce ne sera sûrement pas les trois quarts qu'il détruirait, mais la totalité ; car elle lui a fait éprouver de trop violentes secousses depuis sept ans. Ses finances sont épuisées, son commerce anéanti, ses meilleures troupes détruites, les plus belles, les plus fertiles et les plus populeuses parties de son empire lui ont été enlevées (la Belgique et la rive gauche du Rhin); le ferment révolutionnaire est jeté dans toutes les têtes ; c'est dans les murs de cette ville que celle de sa sœur est tombée sur un

échafaud ; c'est dans cette ville que le dernier
des Capets a payé de la sienne le prix de son
parjure : c'est dans cette ville qu'ont toujours
siégé les diverses assemblées nationales, auteurs de tant de biens pour les peuples, et de
tant de maux pour les rois. Que de causes sem-
blent légitimer sa haine contre cette ville !
aussi ne peut-on pas douter que sa vengeance
irait jusqu'au délire, si jamais la coalition était
victorieuse. Tous les habitans en seraient sa-
crifiés, quelques soient leurs opinions ; ils sont
Parisiens, c'est assez.

Mais en satisfaisant sa vengeance, François
satisferait aussi son ambition, car il reprendrait
non-seulement toutes les provinces que nous
lui avons enlevées, mais encore, toutes celles
que Louis XIV a conquis sur l'Empire ; se
rendant en outre maître de toutes nos plus
fertiles contrées, il contribuerait à détruire
une puissance, qui de quelque manière qu'elle
soit gouvernée, s'opposera toujours à son ambition.

S'il présentait un maître au reste des habitans de la France, qui n'auraient pas été asservis,
ce serait seulement pour maintenir sous le joug
ce peuple belliqueux qui pourrait lui donner
quelques inquiétudes, s'il était livré à lui-même,
au lieu qu'un despote qui tiendra de lui sa
puissance où de la coalition, dont il serait le
tributaire, sera toujours soumis à sa volonté.
Il est donc intéressé, sous tous les rapports, à
la destruction de Paris, dont la population et

les lumières le font trembler, et au morcelle-
ment de la France.

L'Anglais, peuple cruel et ennemi de tous
les peuples, mais plus particulièrement des
Français, appliquant à tous les autres les noms
injurieux qu'il nous donne, dont toutes les
institutions tendent encore à éterniser sa haine
contre nous, appuie sa faible et factice puissance sur ses moyens de corruption, dans lesquels il a été très-secondé par l'immoralité
profonde et l'excès de dégradation d'une partie
des Français, qui ont mis au rang de leurs
jouissances, celle de détruire nos manufactures
pour faire valoir celles anglaises; il l'appuie
aussi sur la venalité des cours, ses dignes alliées.

Sa jalousie contre la France, surpasse encore
sa haine; il ne voit qu'avec un chagrin extrême l'existence de Paris, rivale de Londres
quant à sa grandeur et à sa population, mais
bien supérieure par sa prépondérance sur les
destinées du globe, prépondérance qu'entraîne
la nature et la force des choses, et que l'Anglais voudrait bien obtenir, mais à laquelle
il ne pourra parvenir, quoiqu'il emploie tous
les moyens que lui suggère son ambition do-
minatrice, sa haine, sa rivalité, sa jalousie et
plus que tout cela, la cupidité insatiable qui
le dévore, d'envahir toutes les richesses du
globe, à quoi s'opposera toujours la puissance
des Français; puissance dont il présume bien
l'extention par le système républicain qui nous
gouverne.

Son or corrupteur pourra bien quelquefois y porter de légères atteintes, mais notre force physique le rendra toujours sans effet; aussi est-il de son intérêt de renverser ce systême et, s'il est possible, la nation qui l'a adopté, ou de la morceler tellement, que chacune de ses parties ne puisse jamais se réunir et s'opposer à son ambition dévorante.

Il n'a pas plus que les autres coalisés, le dessein de rétablir la royauté en France, (quelques choses qu'il puisse dire à cet effet) puisque c'est pour se venger du dernier roi, (qui a dépensé douze cents millions pour lui faire perdre l'Amérique) qu'il a tout fait par ses machinations et son or, et par la conduite perfide et parjure que ses agens lui firent tenir, pour le faire conduire à l'échafaud, afin de laisser au milieu des Français, ce levain de guerre civile, qui depuis sept ans a fait couler tant de sang français ; autre but où il aspire, car que lui importe qui est vainqueur ou vaincu, pourvu que ce soit des Français qui périssent? (l'on en a eu la preuve à Quiberon), il veut nous faire détruire l'un par l'autre, afin d'arriver, ainsi que la coalition, par notre affaiblissement, au dernier but qu'il se propose, notre asservissement.

S'il présente un manequin de roi à ceux que la faiblesse, la pusillanimité où la bassesse rend naturellement esclaves d'une idole quelconque ; C'est pour soutenir plus long-temps les dissentions parmi nous; car il est bien convaincu que la royauté ne peut se rétablir en France; mais il cherche à prolonger notre détresse , afin d'abattre notre courage ; mais il veut diminuer nos forces par la division, mais il éloigne sa propre ruine , qui ne pourrait manquer d'arriver si nous étions d'accords et unis.

Trop faible pour se mesurer avec nous, il faut qu'il trompe, qu'il divise, qu'il corrompe, qu'il détruise ; aussi , il n'est pas douteux pour ceux qui ont étudié la politique de ce gouvernement perfide, que ce ne soit son parti à qui on a vu prendre tous les masques, qui a provoqué la destruction de Lyon , cette ville, la seconde de France, dont le bon goût de ses fabriques a fait la conquête de l'Europe et de l'Asie, et à ce titre, objet puissant de la jalousie de l'Angleterre , qui, ne pouvant atteindre à la perfection de ses ouvrages, n'a connu d'autre moyen pour les surpasser que de la détruire.

Rien ne lui coûte pour arriver à ses fins ; aussi, l'argent fut-il abondamment prodigué , long-temps avant le siège , pour pousser cette ville à la révolte ; quand, d'un autre côté, le même parti faisoit prendre les mesures les plus sévères contre elle, préférant la faire démolir , après en avoir fait fusiller et mitrailler les habitans (presque tous chefs de fabriques et les meilleurs ouvriers) plutôt que d'en partager les habitations entre les vainqueurs.

N'ayant pu réussir complettement à sa destruction, ce perfide ennemi y entretient par ses agens le ferment de la discorde, et la haine contre la république, en lui faisant espérer qu'elle deviendroit la capitale du royaume, si la contre-révolution avoit lieu.

D'après ces considérations puisées dans le caractère de ce peuple et dans la nature de ses intérêts, l'on voit que son but n'est pas de rétablir la royauté en France, mais d'envahir son territoire, et d'avoir pour sa part toutes les côtes et ports sur l'Océan, depuis la Hollande jusqu'à Bayonne, et un territoire assez étendu en profondeur, afin d'être absolument maître de son commerce intérieur et extérieur : de détruire Paris, ville de huit à neuf cents mille ames, qui rattacherait toujours par sa force, les parties que la coalition en aurait séparée, si elle fesait la conquête de la France ; d'anéantir de même ses principales villes ; de brûler toutes les manufactures, afin de fournir seule à tous les besoins journaliers de ses habitans, de mettre mille entraves sur l'industrie pour l'empêcher de se relever, et se mettre, par ces moyens, à l'abri de toutes craintes de voir à l'avenir contre-balancer sa puissance. Tels sont, n'en doutons pas, les véritables desseins de cette nation ennemie du genre humain.

Qui fait encore partie de cette coalition ? Des Russes et des Turcs, peuples esclaves, barbares et ignorans, amenés par le besoin de détruire et d'égorger, dont les bornes de la férocité est le manque de victimes. Ces hordes sauvages sont conduites par le tigre Suwarow, monstre altéré de sang humain, qui, dans la première conquête de la Pologne, fit égorger à Ismaliowf, tous les habitans, vieillards, hommes, femmes, enfans, montant au nombre de trente mille. Ce massacre dura dix jours, pendant lesquels les femmes et les filles, livrées à toute la rage de ces cannibales affamés de carnage, étaient violées et avaient les seins coupés avant d'être égorgées. Les jeunes enfans furent portés en triomphe embrochés dans leurs bayonnettes.

Dans la ville de Prague, dix heures après la capitulation, Suwarow en fit encore égorger dix-huit mille, sans distinction d'âge ni de sexe, uniquement pour assouvir sa soif insatiable de sang humain ; spectacle qu'il savoura avec plaisir jusqu'à la fin.

Quel fut le crime de ces malheureuses victimes de la férocité naturelle à tous les despotes et à leurs satellites ? Ce fut d'avoir été fidèles à leur roi Stanislas : tous les journaux de ce temps font mention de ces massacres avec toute l'horreur que méritaient ces barbaries ; et, à la honte de l'humanité, cet homme plus cruel que tous les tigres d'Afrique, en fut récompensé par la czarine impératrice de Russie.

Que doivent attendre les Parisiens de cet homme qu'aucune expression ne peut dénommer ; eux qui ont conduit le roi à l'échaffaud ? En est-il un seul qui puisse échapper au massacre qui en serait fait, soit par le fer ou par le feu, si ces tigres, altérés du sang França s en devenaient les maîtres ? Que l'on se ressou-

[15]

vienne encore qu'une partie des prisonniers
français, faits par les Turcs, furent massacrés,
et leurs têtes envoyées à Constantinople.

En supposant que les Parisiens parvinssent
à s'échapper, où trouveraient-ils un asyle? Ils
ne pourront emporter avec eux leurs moyens
d'existence; tels que les marchands, les fabricans, notaires et beaucoup d'autres états,
mais, sur-tout, les propriétaires fonciers. Les
banquiers et autres possesseurs d'argent ou de
matières précieuses, ne pourraient en emporter qu'une médiocre charge, qui leur serait
bientôt disputée et enlevée par ceux qui fui-
raient avec eux.

Les habitans des départemens, qui auraient
éprouvé tous les fléaux de la révolution et le
pillage de leurs biens par le passage des troupes
ennemies, les repousseraient de leurs foyers;
chacun leur reprocherait ses maux, 1°. d'avoir
fait la révolution et d'être la cause de
la perte de ses enfans et de ses biens. 2°. De
n'avoir pas eu le courage de la soutenir en
étant les premiers et les principaux auteurs.
Tous les habitans de Paris ne peuvent manquer,
dans cette hypotèse, d'être l'opprobre et le
rebut des nations ennemies et des Français,
dont ils auraient causé la ruine, et finiraient
par en être assassinés en détail. Ils n'ont donc
réellement de salut que dans leur réunion intime
et sincère à la république, sans quoi leur
perte est assurée.

S'ils ne parviennent pas à s'échapper, par
la sécurité dans laquelle ils se plaisent à s'en-

dormir, en supposant encore que ces sauvages renonçassent en un moment à la férocité de leur caractère, le moindre mal qui puisse arriver aux Parisiens serait de voir sous leurs yeux violer leurs femmes et leurs filles, piller toutes leurs richesses avant de livrer leurs maisons aux flammes, et après avoir essuyé les plus cruels traitemens, se voir conduits en esclavage avec leurs femmes et leurs enfans, pour peupler les six cents lieues de désert de la Sibérie. Ils seraient choisis préférablement aux autres Français à raison de leur industrie et de la variété de leurs talens. Les Russes et les Turs, ne pouvant participer au partage du territoire français avec les autres puissances coalisées, à raison de leur éloignement, emporteraient et emmeneraient avec eux leur part du partage.

Mais, comme les peuples ne quittent pas ainsi leur caractère, que les suppositions que nous avons faites sont purement gratuites, et pour montrer que les moindres maux qui pourraient arriver aux Parisiens seraient encore énormes; que par leur faute, le reste de la France serait livré, ou à toute la rage des vengeances royales et sacerdotales et de tous leurs satellites, lesquels seraient d'autant plus cruels, que le despote aurait reçu sa puissance de la coalition, de qui elle resterait tributaire, ou aux vexations continuelles de ces barbares, s'ils se partageaient la France; par qui chacun serait dépouillé de tous ses biens et de ses droits, obligé de travailler et de

ramper,

ramper, ainsi que sa postérité, sous des maîtres cruels qui posséderaient toutes les dignités, rempliraient toutes les fonctions, occu-
peraient toutes les places, et qui, dans la
crainte d'un soulèvement contre eux, laisse-
raient à peine à chacun de quoi exister pour
prix de leurs sueurs et de leurs travaux.

Mais les parisiens seraient tous exterminés,
les uns pour avoir conduit le roi à l'échafaud,
les autres pour ne l'avoir pas défendu ; un
égal supplice les attend tous, non pour venger Louis XVI, car les rois ressemblent aux
joueurs, ils sont tous ennemis ; mais parce qu'il
est de l'intérêt de toutes les puissances coalisées que Paris soit détruit de fond en comble,
pour donner un exemple terrible et effrayer
tous les esclaves soumis à leur tyrannie, afin
qu'il ne leur prenne pas envie de briser leurs
chaînes et réclamer leurs droits.

Aucune excuse donc ne sera écoutée de ces
animaux altérés du sang français, dont aucun
n'entend notre langage et à qui l'on a promis
le pillage de Paris. Quelques soient les promesses que l'on pourrait avoir faites aux royalistes, (1) ils seraient les premiers exterminés,
comme firent à Valenciennes les Autrichiens,
à tous les royalistes qui les appellaient à grands
cris, et qui correspondaient avec eux pendant
le siège ; lesquels allèrent au-devant d'eux

---

(1) Lisez Benjamin Constant sur les suites de la révolution en
Angleterre, lisez la relation des derniers évenemens de Naples : vous
connaîtrez ce que vaut dans ce cas la promesse des rois.

B

après la prise de la ville , et furent aussitôt
fusillés, leurs maisons pillées et entiérement
dégradées. Ce fut dans tous les temps la ré-
compense des traîtres.

Et vous femmes , par votre caractère sensi-
ble , combien de tourmens et de morts n'é-
prouveriez - vous pas avant de la recevoir ?
Livrées à toute la férocité de cette soldatesque
effrénée et cruelle ; vous verriez vos enfans et
tout ce que vous avez de plus cher au monde,
périr sous vos yeux. Vous, réservées à assouvir
sa brutalité, vous seriez les dernières victimes.

Que votre esprit, toujours facile à saisir toutes
les nuances de chaque chose, seconde la sen-
sibilité de votre cœur , employez tous les
moyens que vous a donné la nature, pour ra-
mener à la république tous les hommes qui
vous fréquentent et qui en sont les ennemis ;
exercés sur eux l'empire que vous donnent vos
charmes et votre langage doux et persuasif ;
employez la raison que vous maniez avec tant
d'adresse et cette éloquence simple qui pénètre
au cœur ; que votre tendresse pour les êtres
qui vous sont chers anime encore vos discours;
qui pourra vous résister ? Quel effet ne pour-
rez-vous pas produire sur le cœur des jeunes
gens. Qui par l'enthousiasme de la liberté que
l'amour dirigera, seront susceptibles des plus
grandes et des plus étonnantes actions? (ils
sont français!) la patrie les receuillera. L'hom-
mage vous en sera dû , vous pourrez vous en
glorifier et les récompenser par le don de votre
cœur ou de votre main.

Vous pouvez beaucoup pour le salut de la patrie ; vous vous illustrerez ; vous arrêterez des flots de sang prêts à couler par l'affreuse guerre civile qu'organisent nos ennemis ; vous serez imitées, n'en doutez pas, par tout votre sexe, d'un bout de la France à l'autre ; ce sera vraiment la vertu qui ramenera la paix et l'abondance : que de titres n'aurez-vous pas à notre vénération, à notre reconnaissance et à notre amour ! la gaieté franche, bannie depuis dix ans, renaîtra sur vos pas : vous deviendrez l'idole de chaque français, puisqu'il tiendra en partie de vous le bienfait de la paix dans les fêtes de laquelle vous serez le plus bel ornement.

Un très-puissant motif appellerait encore la mort sur la tête des Parisiens : c'est la richesse présumée de cette ville, c'est que orphèvres, bijoutiers, horlogers, banquiers, agens de change, notaires, marchands, propriétaires et riches de toutes les sortes, seraient tous aux yeux de ces barbares, des jacobins qu'il faut détruire : ils seraient les premières victimes de leur férocité ; si la lassitude du carnage leur faisoit épargner, pour le moment, les ouvriers, les artisans et autres malheureux, ainsi que leurs femmes et leurs enfans, ce serait pour les emmener en esclavage et les réléguer où dans les déserts du Nord ou dans les bagnes de la Turquie, pour travailler au profit d'un maître barbare, soit en cultivant la terre soit en fouillant les mines et sans pouvoir quitter sous peine de mort, l'espace de terrein qui leur seroit fixé pour demeure ;

et en luttant jusqu'à la fin de leur triste vie contre les mauvais traitemens et les besoins de toute espèce.

Que l'on ne croye pas non plus, que ce soit pour mettre sur le trône, l'esclave de Russie, le roi de Mittau, que les sauvages des rives du Volga et du Danube ont fait tant de chemin; non, c'est pour piller et dévaster ces riches et fertiles contrées, et emmener des esclaves avec eux, ne pouvant comme nous l'avons déjà dit, partager notre territoire.

Que l'on se ressouvienne que les trois puissances, la Prusse, l'Autriche et la Russie, coalisées contre Kokiusko, pour disaient-elles, réintroniser le roi de Pologne, n'ont employé ce manequin décoré, que pour faire mettre bas les armes aux polonais, et augmenter les ennemis de Kokiusko, ou pour mieux dire diminuer ses forces, la suite n'a que trop prouvé, qu'elles n'avaient nulle envie de rétablir ce roi leur prisonnier, puisqu'elles se partagèrent entre elles la Pologne, dont la population est d'environ seize millions d'individus.

Croyez-donc que le phantôme de roi que l'on présente aux esclaves qui veulent une idole, n'est que pour les tromper et les abuser plus facilement jusqu'à ce que l'on effectue notre polonisation. Croyez aussi que toute proclamation ou manifeste, qui pourrait être répandu à cet effet, soit par la coalition, soit par de prétendus rois, quelques soient les promesses qu'ils pourraient contenir, ne sont et ne seront que perfides et captieux , et dans l'espoir d'applanir toutes les difficultés que les Français pourraient opposer à leurs cruels projets.

Si de pareils faits connus de tout le monde , ne suffisent pas à tous Français qui ont le moindre jugement et le plus léger amour pour leur pays, quelques soient leurs opinions , s'ils ne suffisent pas pour leur faire regarder avec horreur, l'entrée des ennemis en France, si les Parisiens , plus intéressés que les autres, étant le point de mire de la coalition et sur qui tomberont les plus grands maux, poussent l'aveuglement jusqu'à résister à de telles évidences; si ne fesant pas abnégation de toute opinion contraire au nouvel ordre de chose, et que loin de se ratacher à la république, par ces considérations puissantes , ils continuent d'en séparer leur cause , ils deviennent dès ce moment, les premiers ennemis de la France, ils appellent sur leurs têtes , toutes les haines, toutes les vengeances , et deviennent responsables de tous les maux qui en seront les suites et dont ils seront les premières victimes. Ces vérités ne doivent pas cesser un seul instant d'être présentes à leur esprit.

Que tous les partisans du royalisme, se persuadent bien, qu'il est à jamais impossible de rétablir la royauté en France; qu'ils lisent pour mieux s'en convaincre l'ouvrage de Salaville, imprimé rue des Pères; qu'ils examinent bien, que leur parti se compose de plusieurs, (ce qu'ils savent très-bien) dont chacun veut

avoir une idole de sa couleur, ce qui formerait
une nouvelle guerre civile qui se prolongerait
jusqu'à l'extinction de tous les partis. Qu'ils
sachent enfin que les émigrés, qui se regardent
comme les chefs de leur parti, les royalistes
par excélence, ont déjà proscrit ceux qui restés
en France, ont obéi aux lois de la République ou rempli quelques fonctions publi-
ques, quoiqu'en apparence ils aient servi leur
parti ; ceux-là se serviront d'eux pour arriver
à leurs fins ; mais leur haine comme les haines
de famille, ne s'éteindra que par la mort des
uns ou des autres. Ainsi la division est déjà
dans ce parti.

Nous leur ajouterons une considération puissante qui prouve la décrépitude de ce parti.
C'est le peu de ressources et de moyens qu'il a
montré jusqu'à ce jour ; ses plus puissants sont
le vol, la rapine, l'assassinat, la corruption,
la perfidie et tous les vices qui dégradent l'humanité : aucun acte de courage n'a encore
signalé ses nombreuses et diverses attaques.

Le fanatisme royal et sacerdotal a plus fait
couler de sang français que les centaines de
batailles et les milliers de combats que nous
avons soutenus depuis sept ans. Qui peut cal-
culer celui de la Vendée et de Lyon pendant
et après le siège? Depuis le neuf thermidor,
est-il un coin de la France où le sang républicain n'ait pas coulé ? Le soleil s'est-il levé
un seul jour sans éclairer un assassinat ? A
Lyon, Villefranche, Monbrisson, Avignon,
Tarascon, Aix, Marseille, Arles, Montpellier,

Nîmes, et beaucoup d'autres endroits, ont vu des milliers de républicains tombés sous le fer assassin de ces sicaires du trône et de l'autel, et leur soif de sang semble s'augmenter enc re par le nombre des victimes : partout ils suscitent la guerre civile, ne paraissent exister que par le crime et pour détruire : qui ose s'avouer de ce parti , se déclare donc couvert d'opprobre et de crime. Mais que cherchent, mais que veulent donc les royalistes dans leur but ? Est-ce pour placer sur le trône un homme qui aura tous les talens? susceptible d'éprouver tous les sentimens ? qui possédera toutes les vertus? un sage enfin , sous le gouvernement duquel la nation sera assurée d'être libre et heureuse ? avec lequel ils concoureront aussi de tous leurs moyens , c'est-à-dire, de leurs talens, de leurs vertus et de leurs richesses, pour augmenter encore, s'il est possible, le bonheur du peuple?

Non, ce n'est pas tout cela ; mais c'est pour investir de tous les pouvoirs, un Bourbon, un homme de la plus grande ignorance, comme tous les fils des rois, ayant généralement tous les vices, et par.dessus tout cela un violent desir de se venger des Français, et savourer avec plaisir le sang de ses victimes ; sa rage ne pouvant s'assouvir assez promptement, son haleine soufflera le crime, il fera autant d'assassins et de bourreaux qu'il y aura d'hommes qui voudront obtenir ses bonnes graces.

Si ce n'est pas un Bourbon, il n'en vaudra pas mieux ; il ne pourra établir sa puissance que par la terreur et les bayonnettes ; il n'en

vengera pas moins la cause des rois : il redou-
tera les hommes de caractère et amis de la liberté, et en conséquence il fera exterminer
une grande partie des Français, dans la crainte
que, ne faisant un retour sur eux-mêmes, ils
ne le renversent du trône où le délire l'aurait
placé. Il ne lui faudra donc que des esclaves,
qui, comme ses partisans, présentent leur tête
aux muets qu'il leur enverra pour la leur de-
mander, en vertu de son bon plaisir. Qu'im-
portera à ces hommes qu'ils aient ce danger à
courir, pourvu qu'ils puissent aussi pendant
quelques temps vexer, tourmenter, torturer
ce qu'ils appelleront leurs vassaux; ils auront
joui, le muet viendra quand il plaira à leur
digne maître, ils seront soumis.

D'autres motifs peuvent-ils animer les royalistes? La route qu'ils prennent pour y arriver,
ne les indique-t-elle pas ; elle est couverte de
victimes et teinte de leur sang : mais ce n'est
encore que le prélude des grands biens qui
doivent résulter pour les Français, lorsqu'ils auront entièrement courbé la tête sous
le joug, qu'ils auront renoncé pour eux et leur
postérité, à toute espèce de liberté; qu'ils auront subordonné toutes leurs facultés à la volonté du despote ou de ses satellites, et enfin
renoncé à leur dignité d'hommes.

Mais hommes ! ou complettement fous, ou
mille fois plus cruels que les tigres d'Afrique,
quelle jouissance pouvez-vous donc attendre
de la continuité de tant de crimes ? Quel bonheur peut-il donc y avoir dans l'abjection et

la cruauté ? N'avez-vous donc jamais senti le bonheur d'être bons ? Quoi , lorsque vous pouvez le goûter si facilement , vous en cherchez un dans les tourmens continuels du remords! Croyez-vous que les ci-devant seigneurs qui étaient assez philosophes pour vivre dans leur village et rendre heureux tout ce qui les entouraient, ne l'étaient pas aussi ? vous faut-il absolument une portion de la verge du despote pour l'être ? Mais il ne peut y en avoir qu'un très-petit nombre parmi vous. Pensez-y : n'est-ce pas un pouvoir que celui que donne la bienfaisance ? c'est le seul solide , c'est le seul durable , vous en avez la preuve dans l'exemple des ci-devant seigneurs qui viennent d'être cités : leurs châteaux ne furent point pillés, ni démolis au moment de la révolution ; ils furent au contraire protégés par les paysans et élevés par eux aux fonctions qu'ils acquirent la faculté de conférer.

Tandis que ceux qui n'avaient inspiré que de la crainte, et qui avaient abusé de leur puissance, furent obligés de fuir pour éviter la juste punition de leurs exactions et de leurs forfaits. Leurs châteaux furent pillés, incendiés, détruits ; la puissance des premiers fut donc infiniment plus grande, puisqu'elle commanda encore par le sentiment de la reconnaissance, après la perte des pouvoirs et des privilèges.

Que les partisans de ce système odieux cessent donc de se plaindre des maux qu'ils ont éprouvés, puisqu'ils sont eux-mêmes les arti-

sans de tous ceux qui inondent la France depuis sept ans par leurs divers complots; complots dont les républicains ont d'autant plus
souffert, qu'ils ont constamment sacrifié leur
existence et leur vie pour le maintien de la
république, suite naturelle de la révolution,
qu'il n'était pas plus au pouvoir de qui que ce
soit d'empêcher, qu'il ne fut au pouvoir des
rois de Portugal et de Naples d'empêcher que
Lisbonne et Messine ne fussent englouties: mais
il a toujours été au pouvoir de ces partisans
royaux, de ne pas prolonger leurs maux et
les nôtres, par une obstination qui tient du
délire, puisqu'elle nuit à leur intérêt parti-
lier. Car si cessant de les séparer de ceux de
la république, ils s'y réunissaient sincérement,
ils verraient promptement la guerre se ter-
miner; parce que la coalition, ennemie des
Français, en général, n'ayant plus l'espoir
d'être secondée par des hommes qu'elle méprise
comme traîtres à leurs pays et qu'elle sacri-
fierait les premiers, pour se débarrasser de
toute reconnaissance envers eux, et n'avoir
plus à les redouter, demanderait bientôt la
paix, et le sang français cesserait de couler;
nos enfans reviendraient dans nos bras, jouir
avec nous du fruit de leurs longs dangers, de
leurs peines, de leurs fatigues et de la gloire
qu'ils ont si justement acquise.

Si nous formons ce desir de réunion de tous
les Français à la république; c'est par pur
amour de nos semblables, car les républicains
dont jamais les mains n'ont été souillés d'aucun

assassinat , malgré toutes les réactions et les puissans motifs de vengeance qu'ils ont eu , sacrifiraient tout ressentiment à l'amour de la patrie et seraient les premiers à courir dans les bras de leurs frères , pour leur jurer une union éternelle et l'oubli de tous leurs maux; mais ils ne redoutent pas le danger des combats. Il en coûterait cher à nos ennemis pour envahir la France , et par contre-coup aux royalistes. Car le parti républicain se compose de tous les amis de la révolution et de la liberté, des ennemis de tous les privilèges nobiliaires, sacerdotaux et parlementaires, de tous ceux qui se trouvent déchargés des différens droits féodaux, de ceux de dîmes , aides , gabeles, corvées , etc. , de tous ceux qui, soit par desir d'un meilleur ordre de choses ou entrainés par les événemens, ont concouru aux mouvemens révolutionnaires, en y remplissant toutes les fonctions, judiciaires, administratives, municipales, de paix, de police ou militaire , soit dans les armées ou dans la garde nationale; de tous ceux qui ont été aux assemblées primaires et ont prêté le serment de haîne à la royauté et de fidélité à la république, de tous les prêtres sermentés, mariés ou non mariés, de tous les acquéreurs de domaines nationaux dont la masse est de plus d'un million, de tous les protestans, contre qui se formerait bientôt une nouvelle Saint-Barthélemi, de tous les juifs qui par la révolution ont acquis des droits politiques et une existence civile, lesquels en seraient dépouillés ainsi que de toutes leurs richesses et ensuite chassés de France; de tous les braves invalides qui ont donné tant de gages à la république, et l'ont scellée de leurs sangs; enfin de tous les militaires qui composent nos armées, à qui se réuniraient promptement, tous ceux que nous venons de désigner, formant plusieurs millions d'hommes nécessairement attachés de cœur et d'intérêt à la république, ne pouvant avoir qu'un même sentiment, qu'un même désir, la république; ne trouvant hors d'elle, que la mort partout sous leurs pas. Sans doute que le royalisme étant vainqueur, il n'y aurait pas de supplice assez grand pour punir les membres du corps législatif, comme fondateurs ou soutiens de la république: aucun même ayant des opinions contraires, ne peut échapper à une mort certaine: tous trop éclairés pour se fier aux promesses des rois et de leurs partisans, qui n'attendent que l'instant, ou par quelques moyens possibles, ils les verront dépouillés de ce pouvoir redoutable qui les fait trembler, puisqu'une seule de leurs paroles peut encore faire lever la France entière; aussi les entourent-ils d'écueils et de précipices; un abyme profond est creusé sous leurs pas, dont ils ne peuvent se sauver qu'avec nous, par le maintien de la république; notre premier point de réunion est autour d'eux; malheur alors à nos ennemis.

Tout assure donc le triomphe de la république; car les républicains pleins de courage et d'énergie, ont prouvés jusqu'à ce jour que leurs ressources sont inépuisables et qu'elles naisent à la voix du besoin, que le genie de la liberté a constamment secondé la trempe forte de ces hommes neufs, qui ravivent toutes les branches du corps politique et posent des bornes éternelles de sagesse et de bonheur pour tous les hommes; la lutte toute longue qu'elle est, ne peut donc pas être douteuse, nous en appellons à tous ceux qui comme nous sentent couler dans leurs veines le feu sacré de la liberté: et leur nombre fait encore trembler l'Europe.

Calculez concitoyens, calculez toutes les chances, et reconnaissez que votre existence, votre fortune et votre vie sont intimement liées au sort de la république. Réfléchissez bien, sur les grandes considérations, que nous venons d'exposer à vos yeux et à votre esprit, qui toutes sont appuyées de faits : pénétrez-vous bien comme nous de ces grandes vérités; reconnaissez combien il vous importe de ne faire qu'un entre nous tous, et de montrer encore à la France, à l'Europe étonnée, la masse imposante des habitans de Paris, d'accords et réunis pour assurer la liberté et obtenir la paix. Croyez que cet exemple sera bientôt suivi de tous les départemens et de toutes les communes et que vous en serez chéris : au lieu que, dans le cas contraire, vous en seriez exécrés; la plus grande partie des anti-républicains, est entraînée par la foule, vous n'en doutez pas et ne trouvant plus à Paris de point d'appui, suivra bientôt son exemple, parceque, par-tout les hommes veulent la paix, le bonheur et les douceurs de la vie, qu'ils redoutent la guerre et ses dangers, l'incertitude, les privations et tous les fléaux qui la suivent ; par votre sincère réunion à la république vous changez en un instant l'état de détresse dans lequel vous vous plaignez d'être, en un état prospère aussi subit que salutaire, pour toute la France et pour vous particulièrement. L'esprit public se ranime, même sentiment, même volonté nous réunissent ; notre réunion forcera les hommes revêtus de grands pouvoirs a rester dans le cercle qui leur est tracé : alors, le salut de la France est assuré ; au lieu, que si par la suite de votre éloignement à la république elle était vaincue, toutes les chances sont contre vous et Paris serait nécessairement détruit. (Il est inutile d'en répéter les motifs) (1) Mais si la république est victorieuse, (et elle le sera promptement, si méditant bien sur vos intérêts vous vous réunisez à elle) les les chances seront toutes pour vous ; vous jouirez paisiblement de vos biens, qui reprendront promptement toute leur valeur ; par la garantie de la liberté individuelle, votre tranquillité sera assurée. Vous pouvez prétendre à toutes les places, fonctions et dignités ; vos enfans reviendront près de vous,

---

(1) Et vous, tous habitans des communes rurales environnant Paris, où vous trouvez la vente facile, sûre et avantageuse de vos denrées, qu'elle serait votre existence si Paris était détruit ! Pensez-y, votre intérêt vous indique votre devoir.

partager les avantages d'une paix glorieuse, honorable et solide; l'abondance et toutes les sources de la prospérité publique, couleront au tour de vous. Que de jouissances vous vous préparez! nous participerons tous aux avantages d'un commerce sans bornes que nous assurera notre prépondérance presque impérissable sur toutes les nations de l'Europe, nous disons plus, de la terre. Paris devient plus prospère et plus magnifique que jamais, il devient la maison paternelle de tous les peuples, tous les travaux renaissent, les arts refleurissent, des milliers d'étrangers y viendront consommer leurs revenus, attirés par la douceur de notre législation, par nos relations commerciale, par tous les monumens des arts que nous possédons, par le grand nombre d'artistes et de savans que renferment nos murs, par la température de notre climat, par la jouissance de la liberté et la fécondité de notre sol: fécondité qui ne peut qu'aller en augmentant par des desséchemens et des défrichemens infinis.

Des canaux de navigation et d'irrigation (n'en doutez pas) s'ouvriront par-tout, et porteront dans toute la France la plus grande abondance. Les fonds immenses des revenus publics, n'étant plus employés à la guerre, seront destinés aux grands travaux d'utilité générale, à l'élévation des monumens à la gloire nationale et au bonheur des Peuples; des encouragemens seront donnés à l'agriculture, au commerce, aux sciences et aux arts. La nation respectée de l'univers, chérie de ses alliés, verra s'ouvrir devant elle une prospérité sans borne, dans laquelle se confondront et s'anéantiront toutes les haines et les vengeances particulières.

Quel est le Français! qui peut-être insensible à la gloire de son pays et de partager la haute opinion que tous les peuples auront de notre nation? Qui à elle seule, par son courage et sa puisance, a su non-seulement résister à toutes les puissances de l'Europe conjurées contre elles, mais encore de les vaincre constamment pendant sept ans d'une guerre aussi terrible et malgré les nombreuses trahisons et troubles intérieurs que nous avons sans cesse éprouvés.

Quelle différence pour un Français! de jeter les yeux sur ce tableau racourci de prospérité et de bonheur qui attendent notre nation victorieuse! ou sur l'hideuse perspective qui s'offre à nos regards, si elle était asservie. Sa capitale et ses principales villes détruites, son territoire partagé, une grande partie de ses habitans massacrés, une autre plus grande encore emmenée en esclavage, le reste condamnée à une honteuse servitude, les savans et artistes dont elle se glorifie, entièrement exterminés, ou au moins proscrits par toutes les nations, qui redoutent leurs lumières et leurs talens; son nom effacé du faste des nations, toutes ses richesses pillées, ses monumens des arts emportés, ses muséums et ses bibliothèques brûlés, ses vignes arrachées, ses oliviers coupés,

coupés, ses manufactures détruites, son commerce anéanti, le fanatisme et l'ignorance, se traînant sur les pas de la dévastation qu'ils dirigent, couvrir bientôt la surface de cet Empire : la liberté proscrite à jamais de la terre, n'ayant plus aucun asile chez les humains, la philosophie élevée avec la lenteur des siècles, bannie pour toujours. Les Français, deshonorés, avilis, le rebut et le jouet des nations ; le désespoir de l'ignominie abreuvant à longs traits, l'ame de ceux qui survivraient à cet état affreux.

Telle est l'esquisse du paralelle que nous traçons à nos concitoyens, (les tableaux en sont vrais) il n'en est aucun sans doute qui ne frémisse à cette image horrible, et ne recule d'effroi à la vue des maux que des êtres assez ennemis de leur pays, osent appeler sur nos têtes et sur les leurs, préférant, disent-ils, une mort honteuse et certaine, au chagrin de voir la France républicaine jouir de la prospérité ; mais nous espérons, que leurs desirs criminels ne s'accompliront pas.

D'après cet exposé vrai, inspiré par l'amour sincère de la patrie, et pour tacher, pendant qu'il est encore temps, d'arrêter tous les fléaux prêts à fondre sur elle ; nous attendons de tous nos concitoyens de Paris, qu'ils vont manifester spontanément et simultanément, les sentimens que nous avons démontré convenir évidemment à leurs intérêts et à leur conservation ; car les momens sont précieux , et les momens qui précèdent de grands malheurs , sont toujours trop longs. Ils peuvent en un instant les suspendre et les arrêter , mais que leur vœu se prononce promptement, soit isolément , soit réunis , alors ils auront remporté une grande victoire , qui amènera promptement la paix.

DUNOUY.

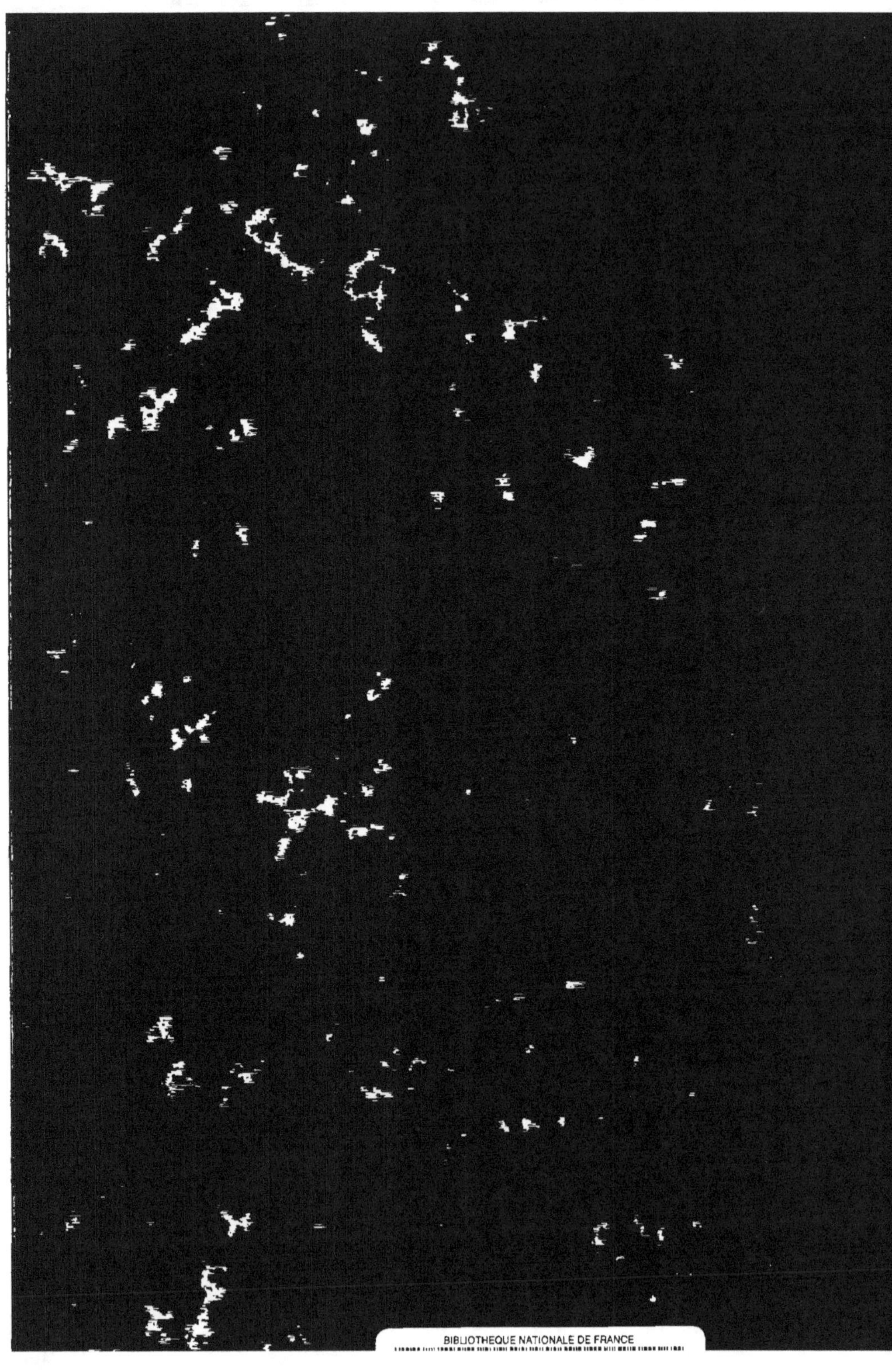